KB213873

나무 심는 사람
임종국

글 김현은
강원도 철원에서 출생하여 대진대학교 국어국문학과를 졸업했습니다. 〈작가세계〉
시부문 신인상을 받았고, 출판 편집자로 일하며 책을 읽고 쓰고 만들고 있습니다.

그림 김민철
세종대학교에서 서양화를 전공했습니다. 그림을 그리고 싶어 하는 아이들이 꿈을 키
워나갈 수 있도록 가르쳐 주기도 했으며, 지금은 어린이 책에 그림을 그리고 있습니다.
그린 책으로는 『데미안』, 『보랭아, 잘 가!』 『은하수』 『침팬지와 함께한 제인 구달』 등
이 있습니다.

꿈을 주는 현대인물선 13

나무 심는 사람 임종국

1판 1쇄 발행 2013년 4월 5일
1판 2쇄 발행 2014년 5월 15일

글 김현은 | 그림 김민철
펴낸이 안성호
편집 이소정 김현 강별 | 디자인 이보옥 황경실
펴낸곳 리젬 | 출판등록 2005년 8월 9일 제 313-2005-00176호
주소 121-821 서울시 마포구 동교로9길 9 102호
대표전화 02-719-6868 편집부 070-4616-6199 팩스 02-719-6262
홈페이지 www.ligem.net
전자우편 iezzb@hanmail.net

©김현은 ©김민철

이 도서의 국립중앙도서관 출판시도서목록(CIP)은 e-CIP홈페이지(http://www.nl.go.kr/ecip)와
국가자료공동목록시스템(http://www.nl.go.kr/kolisnet)에서 이용하실 수 있습니다.
(CIP제어번호: CIP2013001560)

ISBN 978-89-92826-99-0
        978-89-92826-87-7 (세트)

나무 심는 사람
임종국

글 김현은 | 그림 김민철

리젬

심고, 가꾸면 사랑하게 된다

이 책은 '조림왕'으로 불리는 춘원 임종국의 이야기를 담고 있습니다. 임종국은 반평생에 걸쳐 나무를 심고 가꿨습니다. 거창한 이유는 없었습니다. 눈앞에 헐벗은 산이 있어서였습니다. 그는 전쟁 탓에 산의 나무가 사라진 것을 누구보다 가슴 아파했습니다. 그래서 임종국은 자신이 먼저, 산에게 나무를 돌려주고, 숲을 돌려주고, 푸름을 돌려주는 일을 하고자 했습니다. 그리고 그의 그런 뜻은 오늘의 우리에게 푸른 숲과 산을 선물로 주었습니다.

임종국에 대해 알고 있는 사람은 드뭅니다. '나무를 심은 게 뭐 그리 대단한가?' '숲이나 산은 그냥 놔두면 만들어지는 것 아닌가?'라는 일반적인 생각들 때문이겠지요. 하지만 최근 들어 그가 전남 장성에 조림한 편백나무 숲이 '건강 숲'으로 주목받기 시작하면서 다행히 임종국에 대한 관심이 생겨나고 있습니다.

사실, 전 세계적으로 잘 알려진 '나무 심는 사람'을 살펴보면 임종국이 이룬 일들이 얼마나 위대한 일인가를 바로 알 수 있습니다. 2004년 노벨평화상 수상자인 왕가리 마타이는 GBM(Green Belt Movement)이라는 것을 결성하고 케냐에 나무 심기 운동을 시작했습니다. 이후 GBM은 환경을 지키는 것과 동시에 삶의 질을 높이려는 여성들의 풀뿌리 단체로 성장하였고, 케냐 지역에 3천만 그루 이상의 나무를 심었습니다.

이는 대한민국의 모든 사람이 나무 한 그루씩을 심길 바랐던 임종국의 소망과 별다를 바가 없습니다.

그렇지만 이 책을 통해 들려주고 싶은 것은 누가 더 많은 나무를 심었나? 같은 기록의 순위가 아니라, 갖은 시련 속에서도 항상 나무를 사랑하는 마음을 간직했던 한 사람의 진심입니다.

임종국에 대한 일화들을 통해 마지막으로 나무를 심어 본 게 언제인지 종종 떠올렸습니다. 나무를 심으러 산으로 '놀러 가던' 시절이었던 듯도 하고, 키 작은 나무를 땅에 묻고 이름을 붙여 주던 시절이었던 듯도 했습니다. 나무를 심는 것이 지구의 환경을 위하는 일인지도 모르고 즐거워하던 시절이었지요. 어쩌면 이 책의 진짜 쓸모는 '나무 심기가 재미있을까?' '나무 가꾸는 건 어렵지 않을까?' '나무를 심어 볼까?'처럼 나무와 친해지기 위한 물음들을 만들도록 하는 데 있는 건지도 모르겠습니다. 나무를 심으면 가꾸고, 가꾸면 사랑하게 된다는 임종국의 말처럼 말이죠.

임종국의 나무 이야기를 통해 많은 어린이들이 나무를 심는다는 것에 관한, 나무를 심는 사람이 된다는 것에 관한 아름다운 고민을 시작해 보면 좋겠습니다.

2013년 4월 김현은

차례

등장인물

임영규
임종국의 아버지로 부지런한 농부이며 속정이 깊고 아들을 끝까지 신뢰합니다.

김안나
임종국의 어머니로 궂은일을 마다치 않으며 평생 남편과 함께 아들에게 큰 힘이 되어 줍니다.

임종국
한국전쟁 이후 평생 나무의 소중함을 알리며 나무를 심고 가꿉니다.

김영금
임종국의 아내로 남편의 신념을 지지하며, 남편의 조림에 많은 도움을 줍니다.

김상길
임종국의 조림을 도운 일꾼들 중 한 사람으로 임종국과 함께 조림 사업의 여러 고비를 넘게 됩니다.

스기다
일제강점기, 임종국이 군산에서 처음으로 일을 시작하게 된 미곡상의 사장입니다.

해방과 한국전쟁 이후,
먹을 것조차 구하기 어렵던 시절에
편백나무 2백5십만 그루,
삼나무 6십3만 4천 그루,
밤나무 5만 4천 그루를 심은 사람,
임종국!

1. 아버지로부터 배우다

> "아버지는 부지런한 농부였고 속정이 깊었다.
> 종국은 그런 아버지를 바라보며
> 늘 존경하는 마음을 잃지 않았다."

소띠 해인 1913년 1월 19일. 내장산 아래 순창군 복흥면 동산리에 갓난아이의 울음소리가 퍼졌다. 마을에 사는 농부 임영규가 첫 아이를 얻은 것이었다.

"축하하네. 아들인가?"

"딸인가?"

임영규가 방에서 나오자 마을 사람들이 넌지시 물었다.

"아들입니다!"

임영규는 호방하게 웃으며 대답했다. 임영규를 둘러싼 마을 사람들의 얼굴에 웃음이 가득했다.

"씩씩한 사내아이를 얻었군!"

안부를 묻던 마을 사람들이 하나둘 떠나자, 임영규도 그제야 기쁜 마음을 가라앉혔다.

'모든 게 하늘의 은덕이야.'

임영규는 조용히 읊조리며 방으로 들어섰다. 신앙심이 깊은 아내 김안나와 갓 태어난 아들 종국은 곤히 잠들어 있었다.

일제의 만행이 극에 달했던 시절이었다. 산골로 숨어든 의병을 찾는다는 이유로 집을 뒤지던 순사들의 발걸음이 뜸해지자 이번엔 토지조사령이 내렸다.

이제까지 토지의 번호나 넓이조차 모르고 살아온 농민들의 다랑이까지 평수가 매겨졌다. 산골의 농민들은 그제야 처음으로 제 땅의 넓이를 알게 되었다.

어느덧, 종국은 다섯 살이 되었다.

주먹 힘이 유난히 센 종국은 주먹을 말아 쥐고 참새 쫓기를 좋아했다. 그러나 그 주먹으로 절대 아우를 때리지는 않았다. 종국은 부지런한 아버지를 따라 별 많은 새벽길, 달 밝은 저녁 길을 걸어 산으로 들로 나다녔다.

이듬해 가을, 아버지는 아들 종국의 손을 잡고 서당으로 갔다. 흰 저고리에 검은 조끼, 검은 바지에 흰 버선을 신고 대님까지 맨 까까머리 종국은 탕건 쓴 선생님 앞에 무릎을 꿇었다. 쉰을 넘긴 선생님은 종국의 키만 한 작대기로 글자를 짚었고, 종국은 머리를 조아리며 천자문을 읽어 나갔다.

여섯 명의 아이들이 종국과 함께 배웠다. 아이들은 공부를 끝낸 뒤에도 서당에서 대부분의 시간을 보냈다.

"어디 보자. 손 한번 펴 봐."

"내가 더 많이 집었어."

"아니야. 내 돌이 훨씬 더 많다고!"

아이들은 서당 마당에 동그라미를 그리고 그 안에 돌을 모아 둔 후, 누가 한 손에 돌을 가장 많이 집는지 겨루며 놀았다. 시대가 가르쳐 준 놀이였다. 어디를 가도 아이들은 잔돌 집기를 하며 놀았다.

잔돌 집기는 아이들의 놀이였지만, 당시 조선의 모습을 떠

올리게끔 했다. 일본인들은 종종 한 손에 집히는 자갈의 수보다 더 많은 조선 사람들을 만주와 간도로 보냈다.

1920년, 일곱 살이 된 임종국은 보습학교에 들어갔다. 자식을 가르쳐야 한다는 아버지의 고집 때문이었지만, 마을 사람들은 대부분 마뜩찮게 생각했다.

"쯧쯧쯧. 일만 잘하면 되지, 학교는 무슨 학교!"

"나라꼴이 이 모양인데, 학교를 다닌다고 밥이 나오나, 떡이 나오나?"

마을 사람들은 아버지의 얼굴을 볼 때마다 입방정을 떨었다.

"이런 때일수록 배워야 되지요! 종국이는 더 큰일을 해낼 아이입니다!"

아버지는 이웃들의 시선에도 아랑곳없이 계속해서 종국을 보습학교에 보냈다.

겨울 내내 종국은 아버지 뜻에 따라 보습학교에서 익힌 것들을 복습했다. 아버지는 더 이상 아들을 들로 데리고 나가지 않았다. 혹시나 아들이 자신을 돕다가 들일에 마음을 쏟지는 않을까 걱정이 되어서였다. 아버지는 아들 종국이 공부에만 열중하기를 바랐다.

다음 해 봄이었다. 종국은 복흥공립보통학교에 입학했다. 보습학교에서 미리 글을 익힌 종국은 다른 아이들보다 성적이 좋았다. 더욱이 보통학교에는 나이 든 학생이 대부분이었다.

어린 종국의 성적이 뛰어난 것을 보며 아버지는 만족해 했다. 그러나 아버지는 늘 아들 종국에게 당부했다.

"성적만 뛰어나다고 해서 훌륭한 사람이 되는 건 아니다. 항상 자신에게 주어진 일에 최선을 다하고, 되돌아보며 반성하는 사람이 되어야 한다."

"네, 알겠어요. 아버지."

어린 나이였지만 아버지의 뜻을 잘 알아듣는 의젓한 종국이었다.

농사일이 고달팠지만 아버지는 마음을 졸이지 않았다. 그는 손가락질을 받는 지주가 아닌 자작농이었다. 내 땅을 갈아서 열심히 가꾸고, 바라는 대로 추수만 할 수 있으면 더할 나위 없이 좋았다. 아버지는 부지런한 농부였고 속정이 깊었다. 종국은 그런 아버지를 바라보며 늘 존경하는 마음을 잃지 않았다.

'아버지 같이 훌륭한 사람이 되어야지.'

종국은 하루에도 몇 번씩 다짐하곤 했다.

1927년, 종국은 순창농업중학교 입학시험에 합격하여 중학생이 되었다. 그해, 일본의 탄압은 더욱 심해졌다. 일본은 말도 안 되는 고리이자로 조선 사람들의 토지를 빼앗았다. 우리나라 지주 역시 가난한 농민들의 토지를 노렸다. 이처럼 마음이 곱지 않은 사람들이 만드는 흉재가 그칠 날이 없었다.

종국은 보통학교에 다니는 6년 동안 날마다 10리 길을 걸어다녔다. 그런데 중학교는 이보다 훨씬 더 멀리 있었다. 날씨가 따뜻할 때는 그나마 집에서 통학할 수 있었지만, 추운 겨울에는 그럴 수 없었다. 그래서 아는 집에 신세를 지기도 했다. 하지만 이것 마저도 쉬운 일은 아니었다. 종국은 또다시 추위와 더위에 시달리며 여러 고개를 넘어야 했다.

이런 고생 끝에 중학교 3학년이 된 종국은 슬슬 집안일을 생각하기 시작했다.

'사는 게 나날이 어려워지는데, 귀먹은 장승처럼 학교만 다니는 게 잘하는 짓일까?'

종국의 고민은 날로 커지고 깊어졌다. 학교에서도, 집에서도 집안 생각뿐이었다.

'부모님이 부지런히 일해서 논이 3천여 평, 밭이 8백여 평으로 늘어났어. 하지만 동생들이 세 명이나 있는데, 앞일을 어떻게 알겠어?'

종국에게 찾아온 고민은 쉽사리 끝나지 않았다.

그러던 어느 날, 종국은 논둑을 혼자 걸어다니며 부모님을 도울 수 있는 방법에 대해 생각했다.

'부모님처럼 농촌에서 농사를 지어야 할까? 도시에서 일을 구해 부모님을 도와야 할까?'

종국은 긴 둑을 몇 번씩 왕복했다.

'부모님이 아직은 건장하시니 농사는 언제든 지을 수 있을 거야. 일단, 도시로 나가서 새로운 세상과 부딪혀 보자. 젊어서 고생은 사서도 한다잖아!'

종국은 도시로 나가 일거리를 찾기로 마음먹었다.

오랜 망설임 끝에 종국은 아버지에게 자퇴서를 보여 드렸다.

"이게 뭐냐?"

"더는 공부만 할 수 없습니다. 저도 이제 다 컸습니다. 동생들을 봐서라도 집안에 보탬이 되는 일을 찾아보겠습니다."

"……."

아들의 자퇴서를 받아든 아버지는 한동안 그것을 가만히 보고만 있었다.

"아버지, 많이 생각해서 내린 결정입니다."

종국이 말했다.

"네 선택이 그러하다면 널 믿고 따라야겠지."

아버지가 아들 종국의 손을 잡으며 말했다. 종국은 아버지의 손에서 전해지는 따스한 기운을 느꼈다.

아버지는 아들의 자퇴서에 보호자 도장을 찍어 주었다.

2. 정직한 점원

"아무리 먹고살기가 힘든 세상이라지만
자기 스스로를 속이며 살아서는 안 된다!
종국은 제 뜻을 마음속 깊이 새기며
언제까지나 자신의 신념을 잃지 않겠다고 다짐했다."

종국은 기차를 타고 군산으로 갔다. 그 당시 군산은 전국에서 실려 온 쌀이 일본으로 나가는 곳이었다. 며칠째 거리를 방황한 종국은 큰 결심이라도 한 듯, 군산에서 제일가는 미곡상 앞에 섰다.

"혹시, 여기 사람 구하나요?"

종국은 미곡상 안을 들여다보며 큰 소리로 말했다.

"왜 그러느냐?"

밀짚모자를 쓴 사람이 나와서 종국을 보며 물었다.

"일자리를 구하고 있습니다. 뭐든 열심히 하겠습니다."

말을 끝내자마자 종국은 미곡상 안으로 성큼 발을 들여놓았다.

"저 애가……."

종국은 다짜고짜 상점 안에 있던 빗자루를 들고 나왔다. 그러고는 상점 앞 길을 빗자루로 빈틈없이 싹싹 쓸었다. 미곡상에서 장부를 정리하던 일본인 사장 스기다가 그 모습을 지켜보았다.

상점 밖을 다 쓸고 들어온 종국은 상점 안에 떨어져 있는 쌀알을 줍기 시작했다. 사장 스기다도 못 보고 지나쳤던 아주 작은 쌀알들을 종국은 한 주먹이나 주워 모았다. 상점에서 일하던 사람들의 눈이 휘둥그레졌다.

"글은 얼마나 아느냐?"

종국을 쭉 지켜보던 일본인 사장 스기다가 물었다.

"중학교를 2년 동안 다녔습니다."

"배울만큼 배웠군."

스기다는 일어나서 종국을 이리저리 훑어보았다. 또래들에 비해 작은 키에 펑퍼짐한 몸집, 까무잡잡한 피부에 어설픈

무명옷을 입고 있었지만 눈매 하나는 날카로웠다.

"여기서 일해 볼래?"

"시켜만 주시면 열심히 하겠습니다."

종국의 얼굴이 금세 밝아졌다.

"그 녀석 목소리는 어른 뺨치네."

그날부터 종국은 군산 제일의 미곡상에서 점원으로 일하게 되었다. 모르는 것은 메모했고, 외우고, 밤을 새워 일을 배웠다. 하나를 가르치면 열을 깨우쳤다. 그러다 보니 예닐곱 점원들 중에 가장 뛰어난 점원이 되었다.

종국은 다른 점원과 쓸데없는 경쟁을 하지 않았고, 맡은 일은 최선을 다해 깔끔하게 마무리했다. 또한 종국이 미곡상에 온 뒤로 미곡상에는 먼지 하나 날아다니지 않았고, 쌀 한 주먹도 장부에서 빠지는 일이 없었다. 그런 성실함으로 인해 종국은 6개월 만에 미곡상 서기가 되었다. 돈을 관리해야 하기에 서기 직책은 누구에게나 쉽게 주어지지 않았다.

그런데 종국이 하는 일은 변함이 없었다. 직책만 서기일 뿐 점원이 하는 일까지 계속 해야 했다. 다른 사람이라면 한 번쯤 화를 낼 법도 했지만 종국은 묵묵히 주어진 일을 가리지 않고 했다.

그로부터 1개월 뒤, 사장이 종국을 불렀다.

"오늘부터 네가 은행에 가거라."

사장은 종국에게 큰돈을 맡겼다. 추수가 끝난 논밭에서 벼를 사들여 쌀을 도정해서 파는 미곡상에서 제일 중요한 일을 맡긴 것이었다. 종국은 어찌할 바를 몰라 하면서도 최선을 다하겠다고 말했다.

그러던 어느 날이었다.

새로 벼를 사들이는 일이 거의 끝나갈 무렵, 해남 사람 출장원 나 씨가 종국을 넌지시 불러냈다. 그는 서른이 넘은 술꾼이었다.

"종국아! 돈 좀 빌려 줘."

종국은 안 된다고 말하며 고개를 저었다. 빌려 쓰면 쉽사리 갚지 않는 그의 몹쓸 버릇에 대해 이미 알고 있었기 때문이었다.

"돈이 없냐?"

"예."

"그러지 말고 좀 빌려 줘. 곧 줄 테니."

"집에 다 보내서 남은 것이 없어요."

그는 화가 치미는지 눈을 부라리고 종국을 노려보다가 불쑥 얼토당토않은 말을 끄집어냈다.

　　"서 씨처럼 장부를 고쳐 돈을 빼 주면 될 거 아니냐!"

　　종국은 어리둥절했다. 그때까지도 서기와 출장원들끼리 서로 짜고 돈을 얼마쯤은 돌려쓰곤 한다는 것을 몰랐던 그였다.

　　"그렇게 할 수 없습니다!"

　　종국은 단호하게 거절했다.

　　"네가 하기 싫으면 관둬라! 서 씨한테 좀 돌려쓸 거니까, 그 사람 장부에서 모자라는 것은 네가 잘 고쳐서 맞춰 놔."

　　"못해요!"

　　종국은 화가 난 목소리로 대꾸했다.

　　"나 참, 너한테도 좀 떼 주면 될 거 아니냐?"

　　"싫어요!"

　　"멍청한 놈, 죽도록 정직해 봐라. 네놈한테 따로 더 돌아오는 게 있는가!"

　　나 씨는 괘씸하다는 표정으로 종국을 노려보다가 앞니 사이로 침을 찍 뱉고는 돌아섰다.

　　종국은 돌아서는 나 씨를 노려봤다. 분을 삭일 수 없었다.

아무리 생각해도 이건 말이 되지 않는다고 생각했다.

'장부를 속이다니. 아무리 먹고살기가 힘든 세상이라지만 자기 스스로를 속이며 살아서는 안 된다!'

종국은 제 뜻을 마음속 깊이 새기며 언제까지나 자신의 신념을 잃지 않겠다고 다짐했다.

1931년 9월, 조선 총독 사이토가 물러나고 우카키가 들어섰다. 우카키는 조선 사람들이 가지고 있는 상권을 약탈하라고 은근히 부추기는 일본인이었다.

이 때문에 조선 사람들은 먹을 것을 두고 다람쥐와 겨루는 처량한 신세가 되고 말았다. 일본인들은 날이 갈수록 배가 불렀지만, 조선 사람들은 쑥을 캐고 소나무 속껍질을 벗겨야 했다. 그것으로 아침과 저녁에 배를 채워야 했다.

군산항은 조선 사람들의 식량을 일본으로 실어나르기 위해 북적였다. 스기다 상점의 거래액 역시 나날이 불어났다. 그런 날들 속에서 종국에 대한 스기다의 신임은 더욱 두터워졌다. 종국은 출장원이자 현장 서기의 대우를 받게 되었다.

어느 날, 종국은 나 씨와 함께 신곡 매입을 위해 목포로 떠났다. 쌀 1천3백 가마의 계약금 5백 원을 가지고 떠나는 첫 출장이었다. 목포 미곡상들은 출장원 종국이 열여덟 살에 불구하다는 것을 알고는 혀를 내둘렀다. 더벅머리 총각 나 씨는 안내원에 불과했다.

종국은 김제, 나주, 연백 등 각지를 돌아다녔다. 가는 곳마다 종국의 나이에 놀라지 않는 사람이 없었다.

"젊은 사람이 일 하나는 똑 소리 나네."

"그러게 말이에요. 일을 아주 야무지게 처리하네요."

가는 곳마다, 만나는 사람마다 종국을 칭찬했다. 하지만 종국은 그런 칭찬에 우쭐하지 않고 자신이 맡은 일에만 집중했다.

3. 가난한 이웃과 함께 나누다

"다른 정미소에서는 보통 현미를 세 번씩 찧었지만
종국은 두 번만 찧었다. 그렇게 하면 승강기 밑에 떨어진 등겨가
늘 세 되쯤 되었다. 종국은 이 등겨를 팔지 않고,
가난한 이웃에게 나누어 주었다."

1934년 가을, 소금이 귀해지고 값이 오를 것이라고 예측한 종국은 미곡상 사장에게 소금을 사들이자는 제안을 했다. 그 뒤, 얼마 지나지 않아 그의 말이 맞아들었다.

가을이 깊어지자 서서히 소금 값이 오르기 시작했다. 늦가을 비가 내려 소금 생산을 못하게 되어서였다. 이로써 미곡상은 상당한 수익을 올리게 되었다.

이듬해, 종국은 진남포 출장소 소장으로 발령이 났다. 군산에서 진남포로 떠나면서 종국은 황폐해진 논밭을 쳐다보았다.

일본의 보리, 만주의 기장과 조가 들어오고, 조선의 쌀과 콩과 팥이 일본으로 갔다. 일본의 인견사가 들어오고 조선의 명주가 일본으로 갔다. 어박과 어유가 일본으로 들어갔다. 이렇게 몇 년 만 더 간다면 조선에 남는 것이라고는 껍질이 벗겨진 소나무 몇 그루가 전부일 것 같았다.

진남포 출장소 소장으로 온 종국은 언제나처럼 책 읽기를 소홀히 하지 않았다. 틈틈이 책을 읽으며 종국은 좀 더 많은 것을 알고 있는 사람이 나라를 구할 수 있다고 생각했다.

'내가 무엇을 하면 조선 사람을 구제할 수 있을까?'

얼마 후, 종국은 가지고 있는 돈을 모아 작은 정미소를 차렸다. 다른 정미소에서는 보통 현미를 세 번씩 찧었지만 종국은 두 번만 찧었다. 그렇게 하면 승강기 밑에 떨어진 등겨가 늘세 되쯤 되었다. 종국은 이 등겨를 팔지 않고, 가난한 이웃에게 나누어 주었다.

"이 귀한 걸 그냥 준다고?"

진남포 사람들은 놀랄 수밖에 없었다. 다른 정미소에서는 돈을 주고 사야 하는 것이었다.

"네, 그냥 가지고 가세요."

"고맙네, 고마워."

당시 조선 사람들에게는 등겨조차 귀했다. 목숨을 지탱하기 위해서는 뭐든 먹지 않을 수 없었다. 등겨에 쑥을 삶아 넣고 우거지를 넣고, 콩비지국을 끓이듯이 겨죽을 끓여 먹었다.

등겨를 나눌 수 있다는 게 기분이 좋았던 종국은 정미소를 넓혔다. 더 많은 쌀을 생산할 수 있기에 좋은 일이었고, 더 많은 등겨와 쌀겨를 만들어 낼 수 있어 행복한 일이었다. 미곡상들과 의논하여 그들이 사들인 벼를 모두 종국의 정미소에서 도정하도록 했다.

스기다는 종국의 성장을 의심하지 않았다. 계산에 틀림이 없었고, 언제나 본점에 해를 끼치는 일이 없는 종국이었기 때문이다.

그해 봄, 아버지가 종국을 고향으로 불렀다. 이제 아우들도 결혼할 나이가 되었으니 형인 종국이 먼저 결혼을 하라는 전갈이었다.

혼사 말이 오간 여자는 광산 김 씨의 딸이었다. 종국은 전라남도 장성으로 갔다. 광산 김 씨의 집 앞에 도착해 대문 틈 안을 들여다보니 통치마를 입은 처녀가 앞마당을 두어 번 오갔다.

종국은 머리채가 탐스럽고 눈매가 따뜻해 보이는 처녀를 아내로 맞기로 했다. 분을 바르지 않은 해맑은 처녀가 종국의 마음을 사로잡은 것이었다. 그렇게 장성 처녀 김영금을 아내로 맞은 종국은 더욱 열심히 일했다.

2년 뒤, 중일전쟁이 일어났다. 전쟁의 여파로 인심마저 더욱 흉흉해졌다. 어느 날, 종국을 만나러 평양으로 향하던 스기다가 평양역을 벗어나면서 그만 뒤로 넘어졌다. 그 일 때문에 스기다는 뇌진탕으로 세상을 떠나고 말았다.

종국은 진남포 출장소 소장으로 1년을 더 일했다. 보리도 찧고, 조도 찧었다. 그런데 1938년, 미곡통제령이 내렸다. 논밭에서 거둔 곡식을 반이나 걷어가는 것도 모자라 먹을 곡식을 거래하는 일조차 마음대로 하지 못한다는 명령이었다.

도정업도 통제를 받았다. 정미소와 찧어야 하는 벼의 종류며 양을 정해 준 대로 시행해야 했다. 벼를 사들이기도 어려웠고 쌀을 팔기도 어려웠다.

하는 수 없이 종국은 정미소를 내놓아야 했다. 줄 것은 주고, 팔 것은 다 팔아 처분했다. 그러고는 고향으로 향했다.

고향에 내려와서도 종국은 쉴 줄을 몰랐다. 그 아버지에 그 아들이었다. 오랜만에 하는 들일로 손에 물집이 나고, 허리가 뒤틀렸다. 그런 남편이 걱정되었는지 아내는 남편에게 힘을 많이 쓰지 않고 할 수 있는 일을 찾아보자고 권했다.

저녁 무렵이었다.

"누에를 쳐 보는 건 어떨까요?"

바느질을 하던 아내가 종국에게 물었다.

"글쎄⋯⋯."

이마에 근심이 잔뜩 쌓인 종국이 말을 줄였다.

"좋은 뽕밭이 여럿 났어요."

"나도 알아. 그래도 1년은 해 보고 제대로 되어 가는 것을 봐야지. 괜스레 밭이나 사서 묵히게 되면 안 되잖아. 일단 우리 밭에서 시작해 보자고."

"네⋯⋯."

잠농은 어려운 일이 아니니 그냥저냥 남편이 해낼 수 있는

◀ 임종국의 아내 김영금은 언제나 남편을 도와 힘든 일을 함께했습니다.

일로 여기고 말을 꺼낸 아내였다.

봄이 되자 종국은 순창잠업조합에 가입했다. 본격적으로 잠업을 하기 위해서는 오래 전부터 잠업을 하던 사람들의 이야기를 들을 수 있어야 한다고 생각했다. 또 아는 사람의 소개로 잠업을 할 수 있는 곳을 몇 군데 둘러보았다. 그러나 마음에 드는 곳을 찾지 못했다.

잠업을 해 보겠다는 생각이 굳은 종국은 마땅한 장소를 찾기 위해 며칠씩 먼 곳으로 나갔다 들어오곤 했다.

"저희 아버지에게 한번 물어보면 어떨까요?"

남편의 누렇게 뜬 얼굴을 보며 아내가 말했다.

저렇게 몇 날 며칠 잠도 제대로 못 자다가는 남편이 큰 병을 얻을지도 모른다고 생각한 어진 아내였다.

"장인어른께 말이야?"

"네. 제가 살던 장성에 누에치는 사람들이 많았거든요."

아내의 말에 종국은 정신이 번쩍 들었다.

날이 밝자마자 종국은 처가가 있는 장성으로 향했다. 아내의 말은 거짓이 아니었다. 그 근처 다섯 개 군 중에서 잠업으로 번창한 곳이 바로 장성이었다.

그때 마침, 종국은 한 일본인이 농원*을 판다는 소식을 들었다. 농원 가격은 1만 3천 원이었다. 종국이 이제까지 모은 돈 7천 원으로는 엄두도 낼 수 없었다. 하는 수 없이 돈을 빌려야 했다. 이런저런 우여곡절 끝에 종국은 농원을 샀다.

그후 종국은 장성으로 거처를 옮겼고, 아내와 함께 농원의 창고를 개조하여 그곳에서 살림을 꾸렸다. 늦여름이 되자 종국은 누에치기 준비를 서둘렀다. 먼저 누에를 치기 위한 방을 만들었다.

＊ 농원 채소나 과일, 화초 등을 심어 가꾸는 농장입니다.

생석회*를 잠실* 둘레에 1자 넓이로 깔았다. 누에치기 기구도 손질했다. 그리고 아내를 불러 이것저것 필요한 것들을 말했다.

"석 섬이나 되는 숯을 뭣에 다 써요?"

"잠실 소독하려고."

"창호지는 어디다 쓰려고요?"

"그것도 잠실에 쓸 거야."

"이대로도 말끔하고 좋아요."

"아니야. 다 필요한 거니까 시장에 다녀와."

아내가 장으로 간 뒤, 종국은 돌을 져 날랐다. 그 돌을 쌓아 잠실 안에 화덕을 만들었다.

다음 날, 부부는 잠실의 문 틈과 벽 틈을 창호지로 겹겹이 발랐다. 어제 만든 화덕에 숯 한 섬씩을 올린 후, 불을 피우고 앞과 뒤의 출입문을 닫았다. 시간이 얼마간 흐르자 바람구멍을 막고, 출입문의 틈도 창호지로 막았다. 이틀 뒤에 새신을

♣ 생석회 토양의 수소이온 농도를 신속하게 개선하여 작물에 칼슘 성분을 공급하는 석회질 비료이며, 산화칼슘(CaO)이 주성분입니다.
♣ 잠실 누에를 치는 방입니다.

신고 그곳으로 들어가서 화덕을 뜯어내고, 도랑을 메웠다.

종국은 날마다 잠실에서 살았다. 굿은비가 오는 날이면 부부는 밤을 새우며 젖은 뽕잎을 닦았다. 새벽이면 졸음에 시달렸지만 일을 미룰 수는 없었다. 섶마다 고치가 하얗게 열렸을 때는 발뒤꿈치에 오른 군살이 갈라져 걸음걸이가 삐뚤어지기도 했다.

과정이 이러 했으니, 결과 또한 대성공이었다. 거둔 고치는 곧바로 잠업조합에 팔았다. 그 돈으로 6천 원의 빚 중 1천 원 가까이를 갚았다.

뽕나무를 파낸 빈 땅에 봄배추를 심기도 했다. 그리고 내내 신지 못한 양말 대신 버선을 신었다. 갈라진 발뒤꿈치가 덧나지 않도록 하기 위해서였다.

잠업을 다시 시작할 때면, 인부 2백 명이 순을 놓고 누에를 쳤다. 종국이 아무리 말려도 아내 역시 쉬지 않고 도와주었다.

임종국은 새삼 아버지에게 감사했다. 아버지의 덕으로 모든 것을 배워 눈뜨게 되었고, 아버지의 뜻대로 자기 손으로 심은 것을 거두게 되었다.

4. 한 발짝 앞선 고구마 수확

"땅을 알고 생물을 알면
나머지는 농사를 짓는 사람 몫이야.
우리가 이리 열심히 하는데 하늘인들 가만 있겠어?"

1941년, 일본은 식량 부족을 해결할 특별한 방법이 없자 이 제까지 장려해 온 잠업 정책을 중단했다. 그 대신 뽕밭에 간작을 하라는 명령을 내렸다. 주가 되는 작물의 이랑과 포기 사이에 다른 작물을 심으라는 것이었다. 종국은 그리 크게 고민하지 않았다. 잠업을 하면서 줄곧 고구마 농사에 대해 공부를 해 온 탓이었다.

'이제부터 고구마를 심자!'

종국은 책으로 익혔던 고구마 농사를 해 보기로 했다. 그러고는 제일 먼저 양지 바른 곳에 모종을 기르기 위한 마름모꼴 밭을 만들었다. 남쪽은 트고 나머지 둘레에 울타리를 높이 세웠다.

언 땅이 풀리고, 겉흙에도 물기가 오르자 넓은 골, 좁은 골을 차례로 내었다. 넓은 골에 퇴비를 묻고, 좁은 골에 씨를 묻었다. 다른 사람보다 보름은 빨리 씨를 심었고, 또 보름 빨리 순을 묻었다.

"잎사귀가 튼실하니 뿌리도 튼실할 거야."

첫 순을 묻고, 종국과 아내는 저녁을 먹으며 싱글벙글 웃었다.

"그래도 고구마 농사는 처음이라 걱정이에요."

"땅을 알고 생물을 알면 나머지는 농사를 짓는 사람 몫이야. 우리가 이리 열심히 하는데 하늘인들 가만 있겠어?"

8월 중순에 마지막 순을 묻고, 9월 중순에 고구마 줄기를 걷고 구덩이를 팠다.

"너무 이르잖아요."

아내는 남편을 타박했다.

"뭐든 빨라야 좋지."

종국이 웃으며 말했다.

"사람도 참……."

"배추를 심으려면 고구마를 일찍 수확해야 해."

종국의 소식을 듣고 놀라지 않는 사람이 없었다.

"아니, 벌써 구덩이를 판다고?"

코웃음을 치는 마을 사람들도 있었다.

"하하, 그래서 어디 고구마가 하나라도 달렸답니까?"

보통 10월에 수확하는 고구마를 9월 중순에 수확한다고 하니 다들 고구마가 제대로 익었을 턱이 없다고 말했다.

그런데 모두가 놀랄 일이 벌어졌다. 변변치 않을 것 같던 고구마 수확이 풍년이었다. 보통의 고구마 밭에서 거두는 양보다 세 배가 더 많았다.

"여보, 가마니를 더 사와야겠어."

"그러게요."

"참, 별난 농사네요."

"굵기는 또 뭐 이리 굵은지."

종국과 그의 아내는 실한 고구마를 가마니에 담으며 연신 터져 나오는 웃음을 멈추지 못했다. 가마니 6백 장을 더 사들

였다. 모두 1천 가마니가 넘는 고구마를 거두었다.

봄, 가을 누에치기와 고구마 수확으로 들어온 돈을 합하면 남은 빚을 갚고도 넉넉할 정도였다. 이제 하루쯤 발을 뻗고 잠을 자도 될 만했다. 그렇지만 종국은 여전히 종종걸음이었다. 고구마 줄기를 전부 뽕나무 밑으로 몰아놓고 말렸다. 그것을 마른 거름으로 쓸 생각이었다. 그리고 하루라도 늦을세라 고구마 밭두렁을 다독거려 골을 내고 무씨와 배추씨를 뿌렸다.

그러던 어느 날, 경제계 형사가 고구마 수확량을 조사하려고 나왔다. 마을 사람들의 말을 들은 형사가 종국을 찾아왔다.

"어허, 농사짓느라 고생이 많소. 고구마가 풍년이라는데, 수확한 고구마의 2할*을 걷어 가야겠소."

"아니, 고구마 풍년이 농사를 잘 지어서 그렇지. 그게 나라와 무슨 상관입니까?"

"이 사람이……, 나라에서 보조금을 줬잖소!"

그때서야 종국은 쥐꼬리만큼 나왔던 보조금이 생각났다. 고구마 농사를 장려하기 위해서 보조금을 주는 줄로만 알았는

---

* 할 1할은 전체 수량의 10분의 1을 나타내는 단위로 1푼의 열 배입니다.

데, 알고 보니 그게 아니었다.

"그래도 그렇지. 쥐꼬리만 한 보조금을 주고 수확한 고구마의 2할을 걷어 간다는 게……."

"만약 명령에 따르지 않으면 만주로 이민을 가야 할 거요!"

경제계 형사가 목소리를 높였다.

"알겠소."

어쩔 수 없는 일이었다. 일본은 전쟁을 하고 있었고, 어떤 이유를 달아서라도 조선의 식량을 빼앗아 갔다.

쌀은 7할 5푼이 강제 공출*되던 해였다. 또 약속한 생산량이 나지 않으면 그나마 먹을 것도 남기지 못하게 하고 빼앗아 갔다. 그뿐만이 아니었다. 예정보다 많이 거두었는데도 신고하지 않고 감추면 폭력을 가했다. 그래도 시원찮으면, '건설단'이라는 명목을 붙여 만주 등지로 강제 이민시키거나 징용하여 전쟁터로 끌고 갔다.

울며 겨자 먹기로 종국은 수확한 고구마 중 3백 가마를 내

✤ 공출 국민이 국가의 수요에 따라 농업 생산물이나 기물을 의무적으로 정부에 내어놓는 것입니다.

어놓아야만 했다. 이후 종국은 농업 요원으로 선발되어 징용 대상에서 빠지게 되었고, 광주비행장 공사에 동원되었다.

이듬해에도 종국은 고구마를 심고 거두었다. 종국의 고구마 씨로 농사를 지은 사람들 역시 많은 수확을 올렸다.

얼마 지나지 않아 종국은 고구마로 명성을 얻었다. 그로 인해 당시 장성 일대에서 '임종국 고구마'라고 하면 모르는 사람이 없었다.

5. 산을 향하여 서다

"종국은 무릎을 탁 쳤다.
저 멀리 헐벗은 산을 보며 그 옛날
푸르고 아름다웠던 산의 모습을 떠올렸다.
할 수만 있다면 그 푸른 산을
자신의 힘으로 되찾고 싶었다."

1944년 종국은 큰딸 연옥을 얻었다. 어수선한 시절, 어렵게 얻은 귀한 딸이었다. 그리고 다음 해 광복이 되었다. 종국은 부모님을 모시며 살게 되었다. 고구마 농사가 꾸준하게 집안 살림을 지탱해 줬다.

다음 해 7월, 빗줄기가 줄기차게 쏟아지더니 급기야 강이 범람했다. 장성역까지 물이 차서 기차도 들어오지 못하게 됐다. 논이건 밭이건 성한 게 없었다.

'큰일이구만.'

논을 가꾼 이는 그럭저럭 괜찮았지만, 밭을 가꾼 이의 절반 이상은 농사를 망치고 말았다. 고구마도 그랬고, 누에고치도 당장 팔 곳이 없었다. 광복이 되면 뭔가 좋은 시절이 올 거라고 믿었지만 형편은 크게 달라지지 않았다.

그즈음, 사람들은 여기저기서 쉬지 않고 나무를 베기 시작했다. 말리는 사람이 없으니 눈치껏 잘라다가 기둥 나무로도 팔고 장작으로 팔기도 했다.

종국은 나무를 베는 사람들 때문에 머리를 내저었다. 그의 농장도 산사태 피해를 입은 터였다. 장성 일대에서 일하는 사람 모두가 나무 베는 일로 벌이를 한다는 생각이 들 정도로 산은 점점 헐벗어졌다.

"먹고살려고 하다 보니 사람들이 그렇게라도 하는 거지요."

종국의 푸념을 들은 아내가 말했다.

"산에서 나무를 베어 버리면 후대에는 어떻게 하려고……."

아내의 말을 듣고 말을 잇던 종국이 생각에 잠겼다.

'산에 나무가 없으면 산이 아니지. 몇 년 지나면 나무고 산이고 남아나는 게 없을 거야. 어찌해야 하지? 그래, 맞아! 지키는 게 어렵다면 나무를 심고 가꾸면 되지!'

종국은 무릎을 탁 쳤다. 저 멀리 헐벗은 산을 보며 그 옛날 푸르고 아름다웠던 산의 모습을 떠올렸다. 할 수만 있다면 그 푸른 산을 자신의 힘으로 되찾고 싶었다.

"갑자기 왜 그래요?"

"어떻게 하지?"

"뭘요?"

"산에 나무 심는 거."

"당신 혼자 무슨 수로 저 밋밋한 산에 나무를 채워요?"

아내는 고개를 절레절레 흔들었다.

"아무도 관심이 없을 때 먼저 안 사람이 첫 삽을 드는 거야."

종국의 나무 사랑은 벌써 시작된 셈이었다.

종국은 옮겨 심을 어린나무를 당장 땅에 묻었다. 칡, 오리나무, 싸리를 가꿨다. 그리고 늘 그랬듯이 책을 구해 읽기 시작했다.

모든 게 서툴렀다. 나무를 심자고 마음먹었지만, 나무는 고구마처럼 금방 열매를 맺는 게 아니었다. 종국은 잠실 하나를 정리하고 그 안에서 일했다. 일꾼들이 있었지만 종국은 늘 솔선수범해서 나무를 심었다. 그러면서 일꾼들에게 나무의 잔뿌리가 상하지 않도록 땅속 깊이 파고들어가 떠올리듯이 삽질을 해야 한다고 일렀다.

"나무는 뿌리가 아주 중요하네. 그러니 뿌리를 조심히 잘 다루어야 해."

"알겠습니다."

"자, 그럼 삽으로 한번 나무를 떠보게나."

일꾼 하나가 삽을 들어 나무를 떠냈다.

"이렇게 하면 되겠습니까?"

"잘했네. 그저 내 집 일이라 생각하고 해 주면 되네."

▲ 임종국과 일꾼들이 편백나무 묘목을 가꾸는 모습입니다.

종국은 하루도 거르지 않고 나무를 돌보았다. 종국이 이렇게 열심이니 일꾼들 역시 열심히 하지 않을 수 없었다. 하지만 억지로 열심히 하는 건 아니었다. 종국의 성품과 부지런함을 믿고 따르는 그들이었다. 종국의 아내와 아우 역시 종국의 곁에서 묵묵히 일손을 거들었다.

정성스레 가꾼 나무들은 전부 정부의 종묘 검사에 합격했다. 종국의 양묘 사업에 관한 소문은 사방팔방으로 퍼졌다. 사람들은 종국이 하는 일은 모두 성공한다고 이야기했다.

그렇게 한참 재미있게 어린나무를 키우고 있을 때, 작은 딸 순갑이 태어났다. 첫째 딸만큼이나 곱고 순한 아기였다. 종국과 아내는 두 딸 덕에 힘든 줄 모르고 일했다.

그런데 6월 25일, 한국전쟁이 터졌다. 사람들은 서둘러 피난을 떠났다. 갖가지 소문이 꼬리를 물고 계속 나돌았다. 농지를 몰수한다, 부녀자를 뺏는다, 장정들은 모두 시베리아로 끌고 간다고도 했다. 그러나 평생 땅과 함께 산 사람들에게 땅은 목숨과도 같았다. 그들은 땅을 버리고 피난을 떠날 수 없었다.

종국은 쉽게 잠들 수가 없었다. 농사꾼들에게는 땅이 전부인데, 그 땅을 빼앗기면 무엇을 할 것인가.

고민이 점점 깊어지던 어느 날이었다. 웬 사람들이 종국을 찾아왔다.

　　"당신이 임종국이오?"

　　"예."

　　"같이 갑시다."

　　종국과 식구들은 겁에 질린 표정으로 굳어 있었다. 한여름 더위 속에 섰는데도 모두 몸을 부르르 떨었다.

　　"무슨 일입니까?"

　　"가 보면 알거요."

　　"나는 농사를 짓고, 나무나 가꾸는 사람이오."

　　"알고 있소!"

　　종국은 너무 당황한 나머지 그 어떤 핑계거리도 생각나지 않았다. 더는 머뭇거릴 시간이 없었다. 종국은 순순히 사람들의 뒤를 따라 나섰다.

　　무더운 여름날의 오후였다. 종국은 비지땀을 흘리며 유치장 안으로 들어갔다. '잠깐이면 되겠지.'라고 생각했다. 그러나 잠깐은 어느새 이틀이 되었다. 종국은 밥 한 끼 먹지 못한 채 유치장에 갇혀 있었다. 괴로웠다. 먹지 못해서가 아니라 자신

이 이곳에 왜 와 있는지 몰랐기 때문이다. 종국은 더는 안 되겠다고 마음먹었다.

그때였다. 유치장 문이 열렸다. 인민위원회에서 나온 사람이 종국 앞에 섰다.

"기부 좀 하시오."

"예?"

"우리가 서로 잘 살려면 있는 사람들이 좀 내놓아야지 어쩌겠소?"

"그럼요. 그래야지요. 이곳에서 나가기만 하면, 집도 팔고……."

"집이랑 농장은 다 압수할 테니, 가지고 있는 현금을 기부하시오."

종국은 정신이 아득했다.

"돈이라니요? 가지고 있던 돈은 모두 땅을 사고 일구는 데 썼습니다."

"어허, 숨겨 놓은 돈이 있을 것 아니오!"

"숨겨 놓은 돈이 어디 있겠습니까? 땅으로 먹고사는 사람들에겐 땅이 재산이지요."

"이 사람 좋은 말로는 안 되겠군."

종국은 그대로 유치장에 갇혀 있게 되었다.

나흘 만에 아내가 찾아왔다. 종국도 종국이거니와 그의 아내 역시 삐쩍 말라 있었다. 아내의 얼굴에 가슴 한편이 짠해진 종국은 괜한 화를 냈다.

"여긴, 뭣 하러 왔소!"

"걱정이 되어서 잠을 잘 수가 있어야지요."

"괜한 걱정은……."

종국의 아내는 유치장 안에 그대로 남아 있는 주먹밥을 보았다. 입 한 번 대지 않은 주먹밥이었다.

"여보, 먹기라도 하세요."

"넘어가지 않아."

"하루라도 더 살아야 할 목숨 아니에요."

아내의 뺨을 타고 눈물이 주르륵 흘러내렸다. 종국은 아내의 눈물을 보자 가슴이 미어졌다.

"알았으니 내 걱정은 하지 말고……."

울컥 울음이 치올라 종국은 말을 끝까지 잇지 못했다. 종국은 아내가 돌아가자 주먹밥을 손에 들었다.

얼마가 지났을까. 이번에는 보안대에서 사람들이 나왔다. 종국은 유치장 밖으로 불려 나가 그동안 나무를 심고 가꾼 일들을 이야기했다.

그들은 이야기를 다 들은 후, 믿을 수 없다며 그곳에 같이 가 보자고 했다.

종국이 나무 심은 곳에 도착한 그들은 놀란 표정이었다. 보고도 믿기지 않는 듯한 얼굴이었다. 이내 그들의 얼굴에서 웃음이 피어올랐다.

"대단하오!"

"……."

"어디에서도 이렇게 멋진 묘포*지를 본 적이 없소."

"아닙니다. 저 혼자 한 것도 아니고……."

"풀어 줄 터이니 나무를 가꾸는 데 더욱 힘써 주시오."

종국은 안도의 한숨을 내쉬었다.

집으로 돌아온 종국은 마루에 벌러덩 눕고 말았다. 다시 살아난 목숨이었다. 아내가 조용히 종국의 곁으로 다가와 그의

✢ 묘포 어린나무를 기르는 밭입니다.

두 손을 꼭 잡아 주었다.

'다시 시작하자!'

종국은 산에서 일하고 산에서 거두자고 마음먹었다.

그리고 오래지 않아 부부에게 처음으로 아들이 점지되었다. 지택(芝澤)이라고 이름 지었다. 오랜만에 찾아온 기쁨이었다.

6. 숲을 만들기로 하다

"나무 한 그루 한 그루를 내 자식처럼 생각해 보게.
나무 하나 죽고 사는 일이 얼마나 위대하고
신비로운 일인지 알 걸세."

1952년 12월 1일, 삼남 지방에 계엄령이 내렸다. 나무를 베던 사람들이 일제히 일을 잃었다. 종국은 잘된 일이라 생각했다. 하지만 산에 나무가 없어지는 것은 한결같았다. 이제는 군인이나 나랏일을 하는 사람들이 나무를 베기 시작한 것이었다.

1955년, 종국은 재산을 모두 정리했다. 사람들은 그가 재산을 정리해서 무엇을 하려고 하는지 알고 싶어 했다.

"아니, 가진 걸 죄다 팔아서 뭘 하려고 하는지……."

"어디로 떠나는 건 아닐까요?"

"전쟁 중에도 땅을 지킨 사람이 어딜 간단 말이오?"

마을 사람들은 모였다 하면 종국 얘기였다.

"진짜 왜 저러는 건지……."

"그러지 말고 직접 물어보면 되지 않는가?"

마을에서 나이가 제일 많은 최 씨 어르신이 말했다.

사람들은 종국을 찾아갔다. 종국은 아무 일도 없는 사람처럼 여유로운 표정으로 손님들을 맞이했다.

"어서 오세요. 그런데 어쩐 일이십니까?"

"이보게, 종국이!"

"예, 말씀하세요. 어르신."

"자네, 가진 걸 죄다 파는 이유가 대체 뭔가?"

아리송한 표정을 짓고 서 있던 어르신과 마을 사람들을 앞에 두고 종국은 아무 말 없이 웃음지었다.

"그러지 말고 속 시원히 말 좀 해 보게."

"숲을 만들려고 합니다. 어르신."

"뭐? 자네, 뭐라고 했나? 숲?"

이웃에 사는 김 씨가 잘못 듣기라도 한 듯이 되물었다.

"그렇습니다. 나무를 심고 가꾸어서 숲을 만들겠다는 겁니다.”

“우하하하.”

종국의 이야기를 들은 마을 사람들이 일제히 웃음을 터뜨렸다.

“자네, 들었나? 숲을 만들겠다고 하네. 종국이 저 사람이!”

김 씨가 눈물까지 흘리며 웃는 박 씨를 툭 치며 말했다.

“종국이 자네, 그렇게 나무 농사에 열심이더니만, 정신이 약간 이상해진 거 아닌가?”

박 씨는 잠자코 선 종국의 얼굴을 보며 이야기했다.

“숲을 만들다니 그게 무슨 소린가? 나무가 하루 이틀 만에 자라는 것도 아니고…….”

최 씨 어르신은 고개를 갸우뚱거리며 말을 줄였다.

종국은 사람들의 반응을 예상했다는 듯이 가만히 듣고 있었다.

“예, 그렇긴 합니다, 어르신. 하지만 저는 제 힘으로 숲이라는 걸 만들어 보고 싶습니다. 그러니 많이 도와주세요.”

종국은 웃음을 잃지 않고 굵은 목소리로 말했다. 그 모습이 너무 당당해서 종국을 둘러싼 사람들이 되려 당황할 정도였다.

◀ 임종국은 자신의 신념으로 나무를
심고 숲을 만들었습니다.

"종국이 저 사람! 진짠가 보네. 진짠가 봐!"

"하하하, 종국이 저 사람 물건은 물건일세."

"그래, 어디 한번 해 보게. 우리도 종국이가 만든 숲 좀 구경
해 보세."

"네, 열심히 한번 해 보겠습니다."

종국은 큰 소리로 대답했다. 종국은 알고 있었다. 악의가
없는 마을 사람들이지만, 그들은 자신이 하고자 하는 일을 믿

지 않고 있다는 것을.

하지만 그런 것 때문에 힘 빠질 종국이 아니었다. 종국은 자신이 하는 일에 그 누구보다 두터운 믿음을 가진 사람이었다.

종국은 병풍산 기슭의 임야를 사들였다. 그리고 그날부터 산에 살기 시작했다.

산을 다스리자니 목소리가 저절로 커졌다. 산에서 뿐만이 아니었다. 종국이 집에서 말이라도 할라치면 식구들 모두가 웃었다. 왜 그렇게 목소리가 크냐는 것이었다. 종국은 번번이 웃음거리가 되면서도 자신의 큰 목소리를 부끄러워하지 않았다. 오히려 자신이 큰 목소리의 산지기라는 게 자랑스러웠다. 열심히 일한 산지기만이 가질 수 있는 목소리였기 때문이다.

"이보게, 이쪽에 나무를 심어야지!"

그는 산의 이곳저곳을 누비며 외쳤다.

"예, 예."

"거, 목청 힘 한번 좋구만."

"좋긴, 시끄러워 잠을 못 자겠네."

"하하, 어서 일하자고."

몰래 잠을 자다 들킨 일꾼들이 종국의 목소리에 번쩍 깨어

허둥거리기도 했다.

하지만 일꾼들은 돌아서서 종국을 욕하지 않았다. 그가 여느 주인들처럼 일만 시키는 게 아니라 자신들과 함께 땀을 흘리며 일했기 때문이다. 또한 종국은 부지런히 일한 사람에게는 꼭 그만큼의 보상을 해 주었다.

종국은 일꾼들과 함께 나무 한 그루, 한 그루를 정성을 다해 심었다. 그리고 그는 그때마다 잊지 않고 말했다.

"이놈, 잘 커야지!"

그 모습을 지켜보던 일꾼 중 한 사람, 김상길이 종국에게 물었다.

"지금 뭘 하시는 겁니까?"

"뭘 하다니? 자식 농사를 짓고 있지."

"자식 농사요? 누가 자식이란 말입니까?"

"누구긴 누군가, 이 작은 나무들이지. 이것들이 다 내 자식이라네."

종국은 작은 나무를 쓰다듬으며 말했다. 김상길은 어안이 벙벙해져서 가만히 서 있었다.

"나무를 나무라고만 생각하면 죽으나 사나 내 알 바가 아니지. 하지만 나무 한 그루 한 그루를 내 자식처럼 생각해 보게. 나무 하나 죽고 사는 일이 얼마나 위대하고 신비로운 일인지 알 걸세."

종국은 다시 손을 느리게 놀렸다. '이 녀석은 아들, 이 녀석은 딸'하면서 정성을 다했다. 구덩이 속에 넣은 퇴비와 흙을 섞을 때도 손으로 직접 잘 섞었다. 나중에는 아예 무릎을 꿇고 구덩이 속의 흙과 퇴비를 매만졌다. 그 모습을 잠자코 보고 섰던 김상길은 종국 옆에 무릎을 꿇고 앉으며 나직하게 읊조렸다.

'지금껏 나는 그저 심기만 했구나.'

종국은 5천 평의 땅에 삼나무 6천 그루를 심었다. 1평에 한 그루씩 심어야 옳았지만, 종국은 빽빽하게 심는 것을 택했다.

종국의 묘포지는 병충해로 인한 피해가 거의 없었다. 놀라운 일이었다. 대부분의 양묘업자들이 겨우 씨나 찾을 수 있다고 말할 정도로 병충해가 많은 해에도 종국의 묘포지는 푸르기만 했다. 비법이 있었다. 어린나무를 키우는 자리에 구멍을

뚫고 약제를 주입하지 않는 것이었다.

　어린나무들 사이의 거리를 넓게 잡고, 묘포지 둘레에는 도랑을 만들었다. 배수에 유리할 뿐 아니라 병충해 방지에 도움이 되도록 도랑을 깊게 하고, 그 양쪽 비스듬한 곳에 골을 파고 한 달에 한 번씩 생석회를 묻었다. 그리고 어린나무 사이의 도랑에서 일주일에 한 번씩 겉흙을 긁어내고 새 흙을 생석회와 섞어 뿌렸다. 또 지난해 병으로 나무가 시달린 곳은 30cm 깊이 흙을 파냈다. 짚과 재를 섞어 때를 묵힌 흙으로 옮겨 뿌렸다. 그리고 병충해에 시달린 어린나무를 들어낸 때는 그곳에서 신은 신발까지 씻고 닦았다. 잔가지 하나도 떨어뜨리지 않도록 했다.

　벌레잡이 등의 기름통 넓이도 다른 사람의 배가 되는 것을 사용했다. 반으로 자른 드럼통을 썼다. 사람들은 그 속에 등이 숨어 있으면 어떻게 나방들이 보고 오겠느냐고 말했지만, 한 번 온 파리들은 살아서 옮아가지 못한다는 이점이 있었다. 묘포지 사방뿐 아니라 어린나무들이 있는 한가운데에도 벌레잡이 등을 두었다. 그 주변에는 2평 남짓한 빈 땅을 마련했다. 그곳에서 접붙이기를 하여 더 많은 나무를 번식시켰다.

그뿐이 아니었다. 종국의 묘포지나 산 근방에서 새를 잡으려고 하는 사람들이 있으면 종국은 그들을 호되게 꾸짖었다. '어찌하여 해충을 먹이로 삼는 새를 잡으려 하는가!'라고 종국은 따지기 일쑤였다.

봄이 되자 종국은 편백나무와 삼나무의 어린나무를 산에 옮겨 심었다. 사람들은 편백나무 대신 리기다소나무, 이탈리아 포플라를 심으라고 했다. 알 만한 사람들은 다 아는 새로운 품종이었기에 다들 한 마디씩 거들어 보는 것이었다.

하지만 종국은 이미 목재의 결이 곱고 향이 좋은 편백나무를 심기로 마음먹었다. 여러 해를 두고 시험한 결과였다. 성장도 빠르고 큰 나무로는 편백나무나 삼나무가 제일이라는 것을 알고 있었다.

그런데 1959년, 초속 33m 태풍이 휘몰아쳤다. 북동풍의 거센 바람은 비를 몰고 왔다. 동쪽 비탈에 선 나무는 옆으로 쏠리고, 서쪽 비탈에 선 나무는 아래로 쏠렸다. 어린나무는 모로 서 있다가 가로 눕고 얽히고설켰다.

종국과 일꾼들은 바지 끝이 다 닳도록 뛰어다녔다. 갑자기 몰아닥친 태풍에 정신이 없었다. 사람들에게 일단 바람막이를 세우라고 했다. 하지만 세워 놓으면 무너지고 무너진 바람막이가 어린나무를 더 짓누르기 일쑤였다.

"잘하고 있네. 좀 더 힘을 내자고!"

종국은 서두르지 않았다.

"태풍이 이기나 우리가 이기나 한번 싸워 보세."

종국은 그 와중에도 일꾼들을 칭찬하고 격려하는 일을 게을리하지 않았다. 일꾼들 역시 비에 옷을 다 적셔가면서도 부지런히 바람막을 치고, 쓰러진 나무를 세웠다. 서로에 대한 신뢰를 태풍이 선물로 남겨 주고 떠났다. 종국에게는 더할 수 없이 값진 선물이었다.

7. 내가 가장 행복한 순간

"나무가 없으면, 숲이 없으면,
산이 없으면 결국 사람도 없어집니다."

1960년 봄이었다.

종국은 아린 손을 불며 어렵게 나무를 심고 키운 산에 올랐다. 깊게 숨을 내뱉으며 사방을 둘러보았다. 편백나무와 삼나무, 리기다소나무들이 장대한 풍경을 이루고 있었다.

멀리서 보면 편백나무는 푸른 빛깔이 도는 점이요, 삼나무는 누런 빛깔이 도는 점이요, 리기다소나무는 연둣빛이 도는 점이었다.

그즈음 사람들 입에 종국의 이름이 다시 오르내리기 시작했다.

"처음에는 콧방귀를 뀌었지."

"아니, 사람이 숲을 만들고, 산을 만든다는 게 가능하기나 한가?"

"내 말이. 설마, 설마 했지."

"나도 그랬네. 저러다가 말겠지, 저 정도만 하다 그만두겠지 그랬었네."

"그러니까 종국이 저 사람은 안 되는 일을 되게 하는 사람이야."

숲을 만들겠다던 종국의 말에 고개를 갸웃거리던 사람들에게서 칭찬이 쏟아졌다.

종국은 이때를 놓치지 않았다. 칭찬을 듣는 일보다 중요한 일이 그에게 있었다. 종국은 자신을 잘 따르는 김상길에게 제일 먼저 뜻을 전했다.

"상길이, 우리 같이 여러 사람들에게 나무 심기를 권해 보세."

"예, 당연히 해야 할 일이지요."

김상길의 망설임 없는 대답에 종국의 얼굴이 환해졌다. 김상길은 믿음직한 일꾼이었지만, 다시 힘든 일을 시작해야 한

다는 것 때문에 어쩐지 미안하고 안쓰러웠다. 종국은 자신과 함께하겠다는 김상길의 어깨를 힘껏 두드렸다.

그해 가을부터 종국과 김상길은 이웃들을 찾아다니며 나무를 심지 않겠느냐고 묻고 권했다. 산이 없으면 몇 사람이 어울려 사면 된다고 설명했다.

"나무가 없으면, 숲이 없으면, 산이 없으면 결국 사람도 없어집니다."

종국은 누구보다 산을 사랑하는 산지기였다.

얼마 후, 이복동이라는 사람이 종국을 찾아왔다.

"나무를 심고 가꾸어야겠다는 마음은 늘 있었지만……."

"씨는 좀 뿌리셨나요?"

"음, 얼마 되지는 않네."

"양이 문제인가요? 의지만 있다면 한 포기면 어떻고, 백 포기면 어떻습니까?"

"그렇긴 하지."

"그런데 같이 일할 사람은 있나요?"

"구해야지. 집에 사람은 있지만, 농사꾼은 아니라서."

"처음부터 잘하는 사람이 있겠습니까?"

"종국이 자네가 한번 출장을 와 주면 좋겠네."

"가지요. 가야지요. 아니, 지금 당장 가도 되고요."

"거, 사람 급하기는!"

셋은 동시에 웃음을 터트렸다.

종국의 마음도 벌써 산 하나를 푸르게 만들기라도 한 것처럼 뿌듯했다. 그런 종국을 바라보던 김상길 역시 종국의 심정을 다 안다는 듯 미소를 지어 보였다.

그후 이복동과 같이 나무를 심는 사람이 네 명이나 늘었다. 종국은 기꺼이 그들을 맞이했고, 그들과 같이 이 산 저 산을 찾아다녔다.

1964년 1월 1일. 종국은 이제 자기 소유의 묘포지만을 관리하고 있을 수 없는 처지에 놓이고 말았다. 종국이 한국양묘협회 전라남도 지부장이 된 것이었다. 그는 장성군 산림조합장을 겸임했다. 그러다 보니 집을 떠나 있는 일이 잦았다. 집을 떠나는 건 얼마든지 할 수 있었지만, 산과 나무들이 걱정이었다. 바람만 불어도 비만 와도 종국은 먼 산을 내다보며 한숨을 쉬었다. 아무리 생각해도 종국은 산지기였다. 도시에서 택시를 타고 돌아다녀도, 양복을 입고 사람들을 만나도 자

신이 있을 곳은 도시가 아니라 깊은 산속이라는 사실을 깨닫
곤 했다.

"상길이, 나 좀 보세."

어느 날, 종국이 김상길을 넌지시 불렀다.

"무슨 일이세요?"

"내 얼굴에 뭐라고 적힌 게 없나?"

김상길은 종국을 빤히 쳐다봤다. 종국의 얼굴에서 산으로
돌아가고 싶다는 분위기가 읽혔다.

"산이 그리우신 건가요?"

"허허, 자네 이제 관상쟁이가 다 되었어. 맞네, 맞아. 내 땅
에서, 내 산에서 나무를 심고 가꿀 때는 모든 게 신나고 즐거웠
는데 지금은 아닌 거 같군. 그렇다고 이 일이 싫은 건 아닐세."

"아무렴요. 제가 어찌 어르신의 마음을 모르겠습니까?"

"내 심정을 헤아려 주니 고맙네."

종국은 김상길에게 손을 내밀어 악수를 청했다.

그해 12월 31일, 종국은 한국양묘협회 전라남도 지부장 직에
서 물러났다. 그리고 다시 나무를 심고 가꿀 일에만 전념했다.

종국은 자신이 있었다. 무너지지 않을 땅, 그 위에 단단한

▲ 임종국을 도와 푸른 산을 가꾼 사람들입니다.

터를 닦아 두었으니, 조금 무리를 해도 큰일은 생기지 않으리라고 그는 확신했다. 종국의 확신처럼 묘목들은 병충해도 모르고 순조롭게 무럭무럭 자랐다. 일은 수월했고 마음은 편했다.

8. 한마음으로 살려 낸 나무

"처음으로 나무를 심으며 가졌던 마음을 잊고 있던 자신이었다.
곧 쓰러질 것 같은 몸에 이상한 기운이 돌았다. 힘이 났다.
뿌리를 통해 물을 흡수한 나무처럼 온몸으로 생기가 돌았다."

1968년, 종국은 장성 농장에서 3천만 그루의 묘목을 생산했다. 만약 3천만 그루가 다 자라기만 한다면 국민 모두가 나무 한 그루씩을 심은 꼴이었다. 장성군 서삼지구 중서부에는 편백나무, 중부 남단에는 삼나무를 심었다. 북하지구 북서부에는 편백나무, 남단에는 삼나무를 심었다.

무더위가 계속 이어지던 여름, 가뭄이 찾아왔다. 마른 바람이 불었다. 날은 더워 땀에 젖는데도 아래로 흘러내리는 땀방울은 없었다. 땅이 마르고 먼지가 날렸다. 바람이 콧속으로 들어가면 그 안이 따끔거릴 정도로 아팠다.

"잎 끝이 자꾸만 마르네."

"모도 못 낸 논이 많습니다. 모 대신 콩을 뿌린다는 말도 있습니다."

종국과 김상길은 걱정이 앞섰다. '내일은 달라지겠지.' '내일은 괜찮아지겠지.'라고 믿었다.

하지만 하루가 가고 이틀이 가도 가뭄은 끝날 줄 몰랐다. 마른 입술을 적시기 위해 자주 혀를 내밀어야 했다. 목이 탔다. 심지어 괜한 화가 끓어 말이 제대로 나오지 않았다.

"가지를 쳐야 될 것 같아요."

"쳐야지."

"칼이 하나도 없는데, 어쩌지요?"

"또 그 놈의 칼! 칼! 그런 것 하나 만들어 내지 못하다니!"

종국은 누구에게랄 것도 없이 혼자 욱했다. '가지치기 칼 하나까지 외국 물건을 써야 된다니!'라고 늘 말해 오던 종국이었다. '전지가위*도 그렇지만 가지치기 칼은 조금만 단단하고 질

✦ 전지가위 가지치기할 때 사용하는 가위입니다.

긴 쇠로 만들면 되는데…….'라며 종국은 혀를 쯧쯧 찼다.

"좀 나갔다 오겠네."

"가지치기 칼을 살 만한 곳이 있을까요?"

"아니, 대장간에 직접 부탁을 해야 될 것 같네. 작두칼처럼 생긴 것에 자루를 길게 만들면 될 거야."

"좋은 생각이네요. 부러지지만 않게 만들면 괜찮겠어요."

"가서 부탁을 잘 해야지."

종국은 대장간으로 달려갔다. 대장장이는 만들 수는 있지만 못 쓰는 물건에 돈만 썼다고 타박할까 걱정이라는 말을 했다.

"잘만 하면 쓸 수 있는 물건이 될 걸세. 틀림없네. 어서 해 보게."

대장장이는 아이를 시켜 중유＊를 사 오게 하고 대장간 화로의 불을 살렸다.

종국은 대장간 안에서 밖을 내다봤다. 길바닥이 하얗게 변해 있었다. 담 위로 기어오른 호박 줄기와 잎이 바짝 오그라들

＊ 중유 원유에서 휘발유, 등유, 경유 따위를 뽑아낸 검은 갈색의 걸쭉한 찌꺼기 기름입니다. 보일러의 연료나 윤활유, 방부제, 인쇄 잉크 원료로 쓰입니다.

었다. 담장 그늘을 따라 검둥개가 느릿느릿 걸어가는 중이었다. 대장장이는 작두칼을 불 위에 올려놓았다.

"자신 있는가?"

"담금질만 잘하면 될 것도 같습니다."

"네 개는 만들어야 일을 시작할 수 있네."

"오늘 안으로요? 내일 오전에나 다 되겠는데요."

"음……, 어쩔 수 없지."

대장장이는 조개탄*을 넣고 바람을 일으켜 불을 피우기 시작했다. 검푸른 연기가 사방으로 퍼졌다. 매캐한 냄새가 코를 찔렀다.

대장장이는 조개탄 불 위에 작두칼 둘을 걸쳐 놓고 꼬리 부분만 불에 닿게 했다.

"이가 단단하고 질겨야 하네."

"예."

대장장이는 작두칼을 숫돌에 갈아서 이를 세웠다. 그리고 이를 불에 달구었다. 아이가 기름통을 들고 왔다. 대장장이는

♣ 조개탄 조가비 모양으로 만든 연탄입니다.

기름을 홈이 깊은 쇠막대에 부었다. 그리고 칼을 들어 달군 부분의 일부만 기름에 담갔다. 연기가 피어올랐다. 세 번 담금질한 칼을 물통에 던져 넣었다.

종국은 그렇게 만든 칼 하나를 가지고 돌아왔다. 김상길은 그 칼로 나무를 몇 번 쳐 본 뒤 말했다.

"쓸 만할 것 같아요."

"부러지지만 않으면 되겠는데……."

"얼마나 주셨습니까?"

"하나에 천 원 내기로 했네."

"열 배도 넘게 싸네요."

▲ 묘포지에서 아들, 일꾼들과 함께한 임종국입니다.

종국은 그제야 마음이 놓였다. 값비싼 외국 물건도 아니고 값에 비해 허름한 물건도 아니었다. 자신의 힘으로, 자신의 돈으로 만든 물건이었다.

비는 좀처럼 내리지 않았다. 오두막 처마까지 기어오른 호박잎, 박잎들이 마를 때까지도 비는 오지 않았다. 개구리 울음소리도 들리지 않았다. 숲에서는 저녁 때 들리던 새들의 합창도 그쳤다. 사람들의 입술과 손등이 하얗게 말랐다.

"하늘은 마르고 해는 붉습니다."

좁은 산길을 오르며 김상길이 말했다.

"버석버석해. 산이 전부 말랐어."

종국은 김상길의 말에 맞장구를 치며 걱정스럽게 말했다.

그렇게 종국과 김상길, 그리고 일꾼 넷은 일주일 동안 가지치기를 했다. 그 와중에도 종국은 일고여덟 군데 묘포지를 차례로 돌며 물을 댔다. 샘을 파서 물을 대고 또 뿌렸다.

가뭄은 계속되었다. 종국의 묘포지에서 일하던 사람들도 하나둘 그만두었다. 볕은 산을 태울 기세였다. 종국은 어깨에 멍이 들도록 물지게를 졌다. 등이 휘도록 물을 지어 날랐다.

넓은 산의 마른 땅을 적시기에는 턱없이 부족했다. 한 나무에 세 동이씩은 부어야 했다. 그러다 보니 하루 동안 물을 줄 수 있는 나무의 수가 한정적이었다. 사흘이면 먼저 물을 준 곳의 겉흙이 하얗게 말랐다.

종국은 물론 집안 식구들의 걱정이 이만저만이 아니었다.

"사람의 힘으로는 어려운 일이 아니냐?"

아버지는 아들의 까칠한 얼굴을 보며 입을 열었다.

"끝까지 해 봐야지요."

"어떻게요?"

남편 종국을 안쓰럽게 바라보던 아내가 물었다.

"……."

종국은 아무 말도 할 수 없었다. 뾰족한 수가 없었다. 그때였다.

"저라도 나서겠어요. 상황이 이런데 식구라도 다 나서야지요."

아내가 먼저 말을 꺼냈다.

"힘든 일이 될 텐데……."

종국은 말을 다 하지 못했다.

아내의 마음을 모를 리 없는 종국이었다. 그러나 사내들도 힘든 일을 아내에게 선뜻 시킬 수는 없었다.

"저라고 모르겠어요? 그저 제 힘이 닿는 대로만 할게요. 걱정하지 말아요."

"그럼, 나도 도와야겠구나."

아버지도 팔을 걷어붙였다. 아버지뿐만이 아니었다. 종국의 어머니를 비롯해 온 가족들이 밖으로 나가기 위해 채비를 했다. 종국은 아무 말없이 가족들의 얼굴을 바라봤다. 그렇게 서로를 사랑하고 아끼는 그들이었다.

아버지와 어머니는 물동이에 물을 담았다. 종국은 물지게를 지고, 아내와 다른 식구들은 물동이를 들고 산을 올랐다. 오르고 또 올랐다. 새벽부터 시작한 일은 끝이 없었다. 아침 햇살을 본 지 얼마 되지 않은 것 같았는데, 저녁별이 하늘로 속속 떠올랐다. 종국은 가족들의 모습을 살피며 가족을 험한 산에 오르도록 한 자신을 뒤늦게 나무라고 있었다.

아내는 남편 종국을 보았다. 그의 눈에 핏발이 서 있었다. 아내는 종국의 손을 잡고 앉았다.

"여보, 우리 좀 쉬어요."

"그럴까?"

나무에 물을 붓다 말고 종국은 아내와 마주 앉으며 입을 열었다.

"이게 무슨 헛수고인지 모르겠네. 가뭄이 사흘만 더 계속되면 나무고 산이고 다 죽을 텐데."

"그런 소리 하지 마세요. 나무는 강해요. 사람보다도 더 강할 걸요."

종국의 아내가 자상한 목소리로 화가 난 남편을 향해 말했다. 종국은 아내를 바라봤다. 아내는 나즈막히 말을 이었다.

"나무를 자식처럼 생각하던 사람이 누구예요? 당신 아닌가요? 자식을 그렇게 쉽게 버리는 부모가 어디 있어요?"

종국은 아내의 말을 듣고 무언가에 뒤통수를 맞은 기분이었다. 처음으로 나무를 심으며 가졌던 마음을 잊고 있던 자신이었다. 곧 쓰러질 것 같은 몸에 이상한 기운이 돌았다. 힘이 났다. 뿌리를 통해 물을 흡수한 나무처럼 온몸으로 생기가 돌았다. 종국은 아내의 종아리를 문지르고 주물러 주었다. 캄캄한 밤이었지만 종국의 마음은 대낮같이 환했다.

"고맙소."

"고맙긴요. 나무가 당신 자식이라면 제 자식이기도 한 거잖아요."

"조금만 더 힘을 냅시다."

종국과 아내는 다시 힘을 내어 일어섰다. 그런데 이게 웬일인가. 저 멀리서 붉은빛이 보였다. 종국과 아내는 서로의 얼굴을 빤히 바라봤다.

"여보, 저 붉은 게 뭐예요?"

아내가 남편 종국에게 물었다.

"글쎄, 이 밤중에 누가……."

그때였다. 횃불을 든 김상길의 모습이 보였다. 김상길 뒤로 긴 횃불 행렬이 이어졌다. 장관이었다. 누구도, 어디서도 본 적 없는 광경이었다. 종국은 김상길에게 달려갔다.

"이보게, 이게 어찌 된 일인가?"

종국이 헐떡이며 물었다.

"마을 사람들 모두 나무에 물을 주려고 왔지요."

김상길이 웃는 얼굴로 말했다.

"마을 사람들이 모두 물을 주러 왔다고?"

종국은 감격하며 마을 사람들을 둘러보았다.

"이보게 종국, 우리가 무슨 남인가?"

"아암. 어려운 일이 있으면 서로 도와야지."

"옛날에 우리도 종국이 자네 덕에 먹고살지 않는가?"

"그렇지. 지금도 그때만 생각하면 눈물이 난다니까."

종국은 마을 사람들의 말을 들으며 놀란 표정을 지었다. 어느새 종국 옆에 선 아내 역시 믿기지 않는다는 듯한 표정으로 눈가의 눈물을 닦아 냈다.

"자자, 얼른 나무를 살려 보자고요!"

김상길이 큰 소리로 외쳤다. 마을 사람들 모두 벙글거리는 얼굴로 앞서거니 뒤서거니 했다.

"고맙습니다. 고맙습니다."

종국이 울먹거리며 말했다.

"그런데 어떻게 알고 이렇게 모이셨어요?"

종국의 아내가 동네 어르신에게 넌지시 물었다.

"나무가 없어 서러운 양반 백암네가 사방에 광고를 했다오."

모두 웃음을 터뜨렸다.

울먹거리던 종국 역시 웃고 말았다.

시간이 얼마나 흘렀을까. 마을 사람들의 인정에 구름이 비를 신고 왔다. 빗방울이 하나둘 떨어져 내렸다. 종국은 감동에 떨었다. 그의 아버지와 어머니도, 그의 아내와 자식들도, 김상 길과 마을 사람들도 이 기적 같은 일 앞에서, 하늘의 큰 뜻 앞에서 숙연하고도 벅찬 감동을 느꼈다.

가뭄으로 불타던 산을 힘을 합쳐 복구한 장성 사람들의 이 야기는 멀리 퍼져 여러 사람의 귀를 즐겁게 했다.

9. 저는 나무를 심는 사람입니다

"제가 여러분들에게 드릴 수 있는 말씀은 딱 하나뿐입니다.
나무를 사랑하십시오. 나무를 심으십시오. 나무를 가꾸십시오.
그리고 사람을 가꾸십시오."

언젠가부터 종국의 조림지를 견학, 시찰하려고 찾아오는 사람이 많아졌다. 하지만 그들 중 산을 다지고 조림을 서두를 것 같은 사람은 없었다. 그렇다고 그들을 맞아들이지 않을 수도 없는 노릇이었다.

종국은 그들이 언제부터 묘목을 아들처럼 여기게 될 것인가를 생각하는 일보다 푸른 가지 하나라도 아끼는 사람이기를 바라는 심정으로 성실하게 안내했다.

전남대학교 농과대학 학생들이 왔을 때, 그는 힘을 다해 이야기했다. 그는 어수룩한 농사꾼이었다. 학식이 많은 사람이 아니었다. 언변이 좋은 사람도 아니었다. 학생들 앞에 나서서 대단한 연설조로 말하지는 못했지만 그들과 조림지를 함께 걸으며 이야기했다.

"어서 손에 흙을 묻히세요. 한 그루 관상목으로 여러분은 열 평, 백 평의 땅을 마련할 수 있어요. 나무가 아니라도 좋아요. 일구고 가꾸면 당신이 쏟은 땀의 몇 배에 이르는 수익을 얻을 수 있어요."

학생들은 종국의 이야기를 들으며 깊은 감동을 받은 듯했다. 꾸밈이 없는 말이었고, 진실한 힘이 담겨 있었다.

1969년 10월, 종국의 조림지에서 독림가 대회가 열렸다. 독림가 대회의 목적은 조림 의욕을 높이는 데 있었다. 전라남도 지사와 산림청 관계자들을 비롯해 3백여 명의 산 주인들이 그곳에 모여 있었다. 모두 흙에서 사는 사람들이었다. 그들 가운데에는 종국보다 훨씬 넓은 땅을 갖고 있는 사람도 많았다. 하지만 성과가 좋다는 말을 들을 정도로 실적을 쌓은 사람은 거의 없었다. 종국은 이 대회에서 인사말을 하게 되었다.

"우리처럼 조림에 뜻을 둔 사람들은 심으면 가꾸고, 가꾸면

바르게 자란다는 조림 원칙을 아는 사람들입니다. 우선 심읍시다. 그리고 가꿉시다. 가꾸는 일을 미리 계산하고 재배하려니까 잘 되지 않는 것입니다. 심고 나서 가꾸는 일을 걱정합시다. 저는 그렇게 이루어 왔습니다."

종국의 말은 그곳에 모인 사람들의 마음을 잔잔히 울렸다. 경험을 바탕으로 한 그의 말은 그들을 둘러싼 푸른 나무들로 증명되고 있었다.

종국의 말이 끝나자 모두 그에게 박수를 보냈다. 심은 대로 거두기를 바라는 농사꾼의 진심은 구구절절하게 말하지 않아도 같은 뜻을 지닌 사람들에게는 쉽게 전달되었다.

그리하여 많은 산 주인들이 조림에 참여하려는 의욕을 보였다. 우선 종국의 주위 사람들, 장성 일대의 산 주인 다섯 사람이 적극 참여하여 조림에 착수했다.

그에 보람을 느낀 종국은 자신 역시 더욱더 열심히 나무를 심고 산을 가꾸어야겠다고 다짐했다. 종국은 그렇게 외길밖에 모르는 사람이었다. 그것은 나무의 길이었고, 산의 길이었다. 그는 그 외길 위에서 일밖에 모르는 사람이었다. 개미처럼 부지런했고, 소처럼 꿋꿋했다. 그런 그에게 또 한 번의 큰 기쁨이 찾아들었다.

1972년, 나라에서 종국에게 큰 상을 준다는 소문이 퍼졌다. 그 상이 어떤 상인지 종국은 알 길이 없었다. 상을 받을 만큼 자신은 한 것이 없다고 생각했다. 나무를 심는 일은 자신의 생에 해야 할 몫일 뿐, 누구에게 좋은 소리를 듣고자 한 일이 결코 아니었다.

소문이 사실로 알려질 즈음, 그 상이 5·16민족상 본상이라는 것을 알았다. 종국은 입을 꾹 다물고 자신이 했던 지난 일들을 되돌아봤다.

'나무를 심고 가꾼 일이 상을 받을 만한 일인가?'

그는 스스로에게 물었다.

그저 남들보다 먼저 나무를 심고, 남들보다 먼저 나무를 가꾸었을 뿐이었다. 좀 더 많은 사람들이 나무를 심고 가꾸는 데 적극적인 관심을 가지는 계기가 된다면 그걸로 충분했다.

그날 밤, 종국은 그 어느 때보다 깊고 편한 잠을 잘 수 있었다. 아늑한 잠 속에서 종국은 참새를 쫓는 아이를 보았고, 쌀을 파는 소년을 보았고, 고구마를 거두는 청년을 보았고, 나무를 심는 장년을 보았고, 나무를 가꾸는 노인을 보았다. 종국은 자신을 바라보며 그윽한 미소를 지었다. 생생한 꿈이었다. 행복한 꿈이기도 했다.

시상식 당일이 되었다.

"수상자 임 종 국."

사회자가 종국을 호명했다.

종국은 천천히 앞으로 걸어 나갔다. 가벼운 발걸음이었다.

수상 소감을 말하려고 앞을 보는데 눈앞이 흐려 아무것도 보이지 않았다. 아이들도, 아내도 보이지 않았다. 그저 세상을

▲ 1972년, 임종국은 그동안 나무를 심고 가꾼 공로를 인정받아 5·16민족상 본상을 수상했습니다.

떠난 아버지가 생각났다. 그저 물동이를 지고 산을 오르던 어머니가 생각났다.

종국은 오랫동안 고개를 들지 못했다. 잠시 후, 종국은 천천히 말을 꺼냈다.

"저는 2백8십만 그루의 나무를 심었습니다. 편백나무가 2백5십만 그루, 삼나무가 6십3만 4천 그루, 밤나무가 5만 4천 그루입니다. 대단한 일은 아니었습니다. 나무를 사랑하는 마음만 있다면 누구나 할 수 있는 일이었습니다. 그러므로 제가 여러분들에게 드릴 수 있는 말씀은 딱 하나뿐입니다. 나무를 사랑하십시오. 나무를 심으십시오. 나무를 가꾸십시오. 그리고 사람을 가꾸십시오. 고맙습니다."

종국은 그 뒤에도 나무를 심고 가꾸는 일을 게을리하지 않았다. 언제나 나무를 심고 가꿀 수 있는 힘이 남아 있다는 것을 감사하게 여겼다.

또한 자신이 이룬 일을 자랑하고 다니지도 않았다. 누군가 그가 받은 상을 이야기하며 칭찬하거나 치켜세우려고 할 때도 그는 늘 이 말만 할 뿐이었다.

"저는 나무를 심는 사람일 뿐입니다."

이후, 종국은 1987년 74세의 나이로 타계할 때까지 나무를 심고 가꾸었다. 그가 심은 작은 나무들은 오늘날 큰 숲과 큰 산을 이루며 우리에게 수많은 혜택을 주고 있다.

나무 사랑에 대한 깊은 뜻을 우리에게 전해 준 조림왕 임종국. 그가 세상에 남긴 마지막 말은 다음과 같다.

'나무를 더 심어야 한다. 나무를 심는 게 나라를 사랑하는 길이다.'

전남 장성 축령산, 나무 심는 사람 임종국이 거기에 있다.

임종국 연보

1913년   1월 19일 전라북도 순창군 복흥면 동산리에서 태어남.

1921년   복흥공립보통학교 입학.

1929년   순창농업중학교를 자퇴한 뒤, 군산 미곡상에서 일을 시작.

1935년   진남포에서 출장소 소장으로 일하며, 정미소를 차리고
             가난한 이웃들을 돕기 시작.

1938년   미곡통제령으로 정미소를 정리한 뒤 장성에서 잠업을 시작.

1941년   고구마 농사를 시작하여 장성 일대에서 명성을 얻음.

1945년   헐벗은 산에 나무를 심기 시작함.

1955년   모든 재산을 정리하여 나무 심기에 전념하고
             숲을 만들기로 결심.

1964년   한국양묘협회 전라남도 지부장에 선출되었으나 그해 말
             지부장 직에서 물러나고 나무 심는 일에만 전념.

1968년   장성 농장에서 3천만 그루의 묘목을 생산.

1969년   10월 독림가 대회 개최.

1972년   철탑산업훈장 수훈, 5·16민족상 본상 수상.

1987년   세상을 떠남.

2001년   광릉 국립수목원 숲의 명예전당 입성.

2005년   산림청에서 전라남도 장성 축령산 수목장으로 모심.

2012년   아내 김영금 여사를 전라남도 장성 축령산 수목장으로 모심.

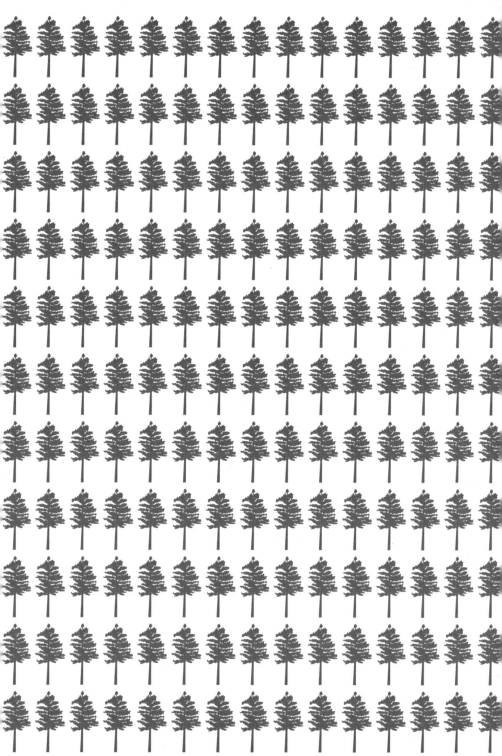